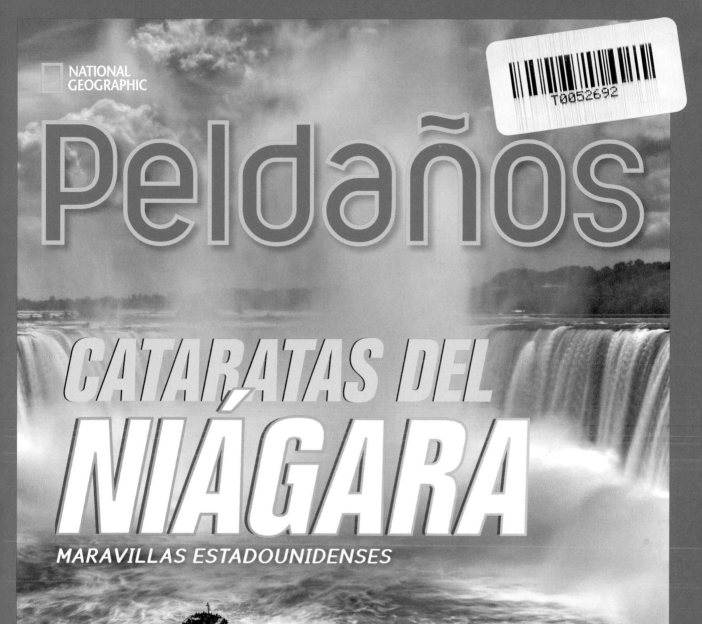

NATIONAL GEOGRAPHIC

Peldaños

CATARATAS DEL NIÁGARA

MARAVILLAS ESTADOUNIDENSES

A-bruma-do

por Debbie Nevins

Mi húmedo viaje a las cataratas del Niágara

CANADÁ

cataratas del Niágara

ESTADOS UNIDOS

Hay muchos lugares para ver el poder de las cataratas del Niágara. En punta Prospect, vimos la Catarata Estadounidense.

¡Hola! Soy Jacob, y estoy de visita en las cataratas del Niágara con mi familia. Las cataratas del Niágara es la catarata más poderosa de Norteamérica. Estamos en Niagara Falls, Nueva York. En realidad, hay dos ciudades con el mismo nombre. Están a ambos lados del río Niágara. Una es Niagara Falls, Nueva York, y la otra es Niagara Falls, Ontario, en Canadá. Y las cataratas se llaman cataratas del Niágara. ¡Puede ser confuso!

Las cataratas del Niágara en realidad son tres cataratas. La más grande está en Canadá y las otras dos están en los Estados Unidos. Todas se encuentran en el río Niágara, que conecta el lago Erie y el lago Ontario y marca la frontera **internacional** entre Canadá y los Estados Unidos.

Este es uno de los barcos Dama de la Bruma que viaja más allá de Niagara Falls.

Hoy pasearemos en barco en uno de los famosos barcos Dama de la Bruma, que lleva a los visitantes tan cerca de las cataratas que pueden sentir el rocío y la bruma del agua. Mi hermana Lili me dice que, cuando nos acerquemos mucho a las cataratas, me voy a "a-bruma-r". No me dice qué significa eso, y me preocupa un poco. ¡Espero que no sea tan terrible como suena!

El poncho azul

Observar las cataratas mientras esperamos obtener nuestro boleto para el paseo en el transbordador Dama de la Bruma, me recuerda un cuento popular. Es un cuento nativo-americano sobre el espíritu del trueno que controla las cataratas y envía la bruma hasta el cielo para que formen las nubes. Quizá de eso habla Lili cuando dice "a-bruma-r". En el cuento también hay cosas que asustan, pero sé

Vimos a mucha gente que disfrutaba de la Catarata Estadounidense con sus ponchos azules.

Observamos que la gente que regresaba de la Dama de la Bruma estaba empapada. ¿Nosotros nos vamos a mojar tanto?

que es solo un cuento. Mientras esperamos nuestro turno en el lado canadiense, cada uno se pone un poncho azul, que es como un impermeable con capucha. Cientos de nosotros esperamos para subir al transbordador, y parecemos un montón de Caperucitas Azules. Lili y yo vemos a la gente que baja de otro de los barcos. Están empapados, pero sin duda, están contentos.

Me olvido de estar nervioso hasta que mi hermana dice: "Ja, ja. Están todos a-bruma-dos". Le pregunto a mi mamá qué quiere decir *abrumado* y me dice que significa que algo te preocupa mucho. No entiendo. La gente que baja del barco no parece estar preocupada en absoluto. Solo se ven empapados. Estoy comenzando a preocuparme.

Aguas rugientes

Estoy parado sobre la cubierta de la Dama de la Bruma, cerca de la parte delantera del barco. Salimos a aguas tranquilas. Las hélices poderosas sacuden la cubierta debajo de mis pies y mi corazón late como loco. No estoy seguro de si estoy asustado o solo emocionado.

Nuestro barco va primero a la Catarata Estadounidense, donde oigo un rugido que retumba. El agua cae 180 pies sobre enormes peñascos en la base de las cataratas, que envía enormes nubes de bruma hacia arriba. Leí que menos del 10 por ciento del agua del río Niágara cae sobre esta sección. El resto pasa por las cataratas canadienses. Los peñascos del río evitan que nuestro barco se acerque demasiado. No sé si necesitamos estos ponchos. Apenas sentimos una gota.

Luego, navegamos junto a una **cascada** más pequeña llamada catarata Bridal Veil. En una isla cercana a su base, veo gente con ponchos amarillos. Mamá los llama "chaquetas amarillas". Toman el paseo de la Cueva de los Vientos. Antes se podía caminar detrás de las cascadas hacia una cueva, pero la cueva colapsó hace varios años. En la actualidad, la gente camina a unos cuantos pies de las cataratas. ¡Ahora yo también quiero hacer eso! Quizá después de nuestro paseo en barco.

Divisamos una larga fila de gente que usaba ponchos amarillos y subía unas escaleras. Estaban en el paseo de la Cueva de los Vientos. La Plataforma de los Huracanes de la parte superior se encuentra a solo 20 pies de la catarata Bridal Veil.

HURRICANE DECK

Mientras nos acercábamos más a las cataratas, todos querían tomar una foto.

El muro de agua

Mientras navegamos más cerca de las cataratas Horseshoe, el aire se vuelve más fresco y la bruma más densa. El rugido del agua que cae suena como un tren... no, ¡suena como 100 trenes! Comienzo a temblar. "¡Oye, Lili!" —grito, pero no puede oírme. Todos gritan, se ríen y aplauden alrededor de mí. Muchos toman fotos y graban vídeos.

Llegamos tan cerca del muro de agua que estamos rodeados por bruma blanca. Me siento como si estuviera en medio de una tormenta gigante. ¡Aquí está el otro 90 por ciento del río Niágara!

Cuando el barco gira, puedo ver la forma de "herradura" de las cataratas. Un arcoíris está suspendido sobre la bruma. Los nativo-americanos creían que este lugar era mágico, y creo que tenían razón. Juntas, las tres cataratas tienen más agua que fluye más rápido que cualquier otra catarata del mundo. Toda esa agua

Desde la plataforma de observación, vemos el color verde de las cataratas Horseshoe. El color proviene de trocitos de plantas y rocas muy pequeños que se mezclan con el agua cuando esta viaja por el río Niágara.

que cae desgasta las rocas que hay debajo y luego se lleva los trocitos de roca. Esto se llama **erosión**. La erosión está desgastando las cataratas. Pero no estarán completamente desgastadas quizá hasta dentro de otros 50,000 años. Estoy contento de haber tenido la posibilidad de ver este asombroso espectáculo.

Cuando nos bajamos del barco, me puse al día con mi hermana. Estamos empapados por la bruma. "Oye, Lili —le digo—. Ya entendí. ¡Parece que todos nos a-bruma-mos!".

Todos los que iban en la Dama de la Bruma se "a-bruma-ron" ese día. ¡Esta quizá sea la primera vez que entiendo una broma de mi hermana Lili!

Compruébalo ¿Qué paisajes vio Jacob desde la Dama de la Bruma?

Las cataratas del Niágara en movimiento

por Jennifer A. Smith

Agua que cae en forma de cascada, un rugido estruendoso y un arcoíris que flota en una bruma plateada... todo eso te espera en las cataratas del Niágara. ¿De dónde salió y adónde va toda esa agua que fluye rápidamente?

Desde lo alto, se puede ver el agua del río Niágara que fluye rápidamente y cae sobre los acantilados rocosos. Dos cataratas grandes y una catarata más pequeña forman las cataratas del Niágara.

Aproximadamente, 750,000 galones de agua fluyen rápidamente sobre las cataratas del Niágara cada segundo.

Labrada por el hielo

Las cataratas del Niágara se formaron hace más de diez mil años. El hielo tuvo un papel muy importante en su formación. La **edad de hielo** fue un período en el que gruesas capas de hielo cubrían grandes áreas de Tierra. Durante la edad de hielo más reciente, capas de hielo de aproximadamente una milla y media de espesor cubrían gran parte de Norteamérica. Esto incluía la región que rodea a las cataratas del Niágara.

Estas enormes capas de hielo se desplazaron lentamente hacia el Sur. A medida que se arrastraban por el suelo, labraron una **cuenca**, o terreno ahuecado. Fue como sacar helado con una cuchara de un recipiente. Esta área finalmente se convirtió en los Grandes Lagos.

Cuando las capas de hielo se derritieron, dejaron una enorme cantidad de agua detrás. Esta agua llenó la cuenca y formó los Grandes Lagos. El agua también se drenó en lo que se convirtió en el río Niágara. El agua del río caía sobre un acantilado empinado. Esta agua que cae se conoce en la actualidad como las cataratas del Niágara.

Este diagrama muestra cómo las capas de hielo en movimiento formaron los Grandes Lagos y el río Niágara. Este proceso tomó miles de años.

Las tres cataratas

Millones de personas van a ver las cataratas del río Niágara. Visitan el lado estadounidense y el lado canadiense. La Catarata Estadounidense y la catarata Bridal Veil están en los Estados Unidos. La mayor parte de las cataratas Horseshoe se encuentra en Canadá. Juntas, las tres cataratas forman una de las maravillas naturales más famosas de Norteamérica.

Con miles de galones de agua que fluyen rápidamente sobre las tres cataratas, el rugido en las cataratas del Niágara puede ser ensordecedor. Pero, ¿qué pasaría si el agua que ruge se detuviera? Tarde, la noche del 29 de marzo de 1848, sucedió algo extraño. Las cataratas quedaron en silencio durante al menos 30 horas. Un atascamiento de hielo río arriba, lejos de allí, bloqueó el flujo de agua del río y las cataratas quedaron reducidas a un par de hilillos sobre acantilados de roca desnuda. Algunos exploraron el lecho seco del río y recolectaron objetos viejos. El 31 de marzo, hubo un estridente sonido de ruptura cuando el hielo finalmente cedió. El agua que se desplazaba a toda velocidad fluyó de nuevo sobre las cataratas.

Catarata Estadounidense

Con 190 pies de alto, la Catarata Estadounidense es un poco más alta que las cataratas Horseshoe. La Catarata Estadounidense mide 1,060 pies de ancho, que es menos de la mitad del ancho de las cataratas Horseshoe.

Cataratas Horseshoe

Las cataratas Horseshoe miden 185 pies de alto y 2,200 pies de ancho. Eso hace que sean tan altas como un edificio de 18 pisos. En conjunto, son mucho más grandes que la Catarata Estadounidense.

Catarata Bridal Veil

La catarata Bridal Veil es la más pequeña de las cataratas. Mide solo 56 pies de ancho. Los visitantes que hacen el paseo de la Cueva de los Vientos tienen una sensacional vista de cerca de la catarata Bridal Veil.

Desgaste

Los acantilados donde caen las cataratas del Niágara solían estar a siete millas de donde están en la actualidad. Durante miles de años, las cataratas han estado desplazándose gradualmente por el río Niágara hacia arriba. El lugar donde el agua rompe contra las rocas en los pies de las cataratas ha estado cambiando. El poder del agua que fluye rápidamente desgasta esta roca blanda, que produce un pasaje profundo, o **garganta**. Como resultado, no hay nada que sostenga la roca sobre la que fluye el agua. Esta roca colapsa, las cataratas se desplazan río arriba y la garganta se hace más larga.

En un punto, las cataratas se desplazaban río arriba hasta seis pies por año. Sin embargo, los ingenieros han desacelerado el flujo de agua para evitar que las cataratas se desplacen tan rápidamente. Una manera en la que lo han hecho es mediante la construcción de túneles. Parte del agua del río Niágara fluye por los túneles. De este modo, no toda el agua fluye sobre las cataratas. Cuando pasa menos agua sobre las cataratas, la erosión disminuye. En la actualidad, las cataratas se desplazan río arriba solo un pie por año.

río

Este diagrama muestra el desplazamiento de las cataratas del Niágara río arriba con los años mientras la erosión desgasta los acantilados rocosos.

2007

1886

1842

1819

1764

1678

garganta

Compruébalo ¿Cómo ayudaron las inmensas capas de hielo a formar las cataratas?

El trueno habla

POR ELIZABETH MASSIE
ILUSTRACIONES DE CRAIG PHILLIPS

Las leyendas son cuentos que intentan explicar sucesos del pasado. Se transmiten de una generación a la siguiente. Esta leyenda nativo-americana cuenta cómo parte de las cataratas del Niágara obtuvieron su forma de "herradura". La mayoría de los sucesos de este cuento no sucedieron, pero es un cuento emocionante sobre el pueblo seneca, que fueron los primeros pobladores cerca de las cataratas.

MUCHOS SERES VIVOS DE NUESTRA ALDEA ESTÁN ENFERMOS, ¿QUÉ PODEMOS HACER?

NO LO SÉ, QUERIDA NIÑA. HEMOS PLANTADO Y REGADO CUIDADOSAMENTE NUESTROS CULTIVOS, PERO NO CRECERÁN MÁS. TAMBIÉN HEMOS CUIDADO MUY BIEN DE NUESTRA GENTE, PERO MUCHOS ESTÁN ENFERMOS Y HAMBRIENTOS.

HACE MUCHO, LOS HABITANTES DE UNA ALDEA SENECA ESTABAN PASANDO UN DIFÍCIL MOMENTO. SUS CULTIVOS MORÍAN Y MUCHA GENTE HABÍA ENFERMADO. UNA JOVEN ALDEANA ESTABA MUY PREOCUPADA.

ENOJADA, LA JOVEN FUE A NADAR EN UNA CUEVA CERCA DE LAS CATARATAS. NADAR LA TRANQUILIZABA Y PODÍA PENSAR. INTENTÓ PENSAR EN MANERAS DE AYUDAR A SU ALDEA DURANTE ESTE MOMENTO DIFÍCIL.

FLOTABA EN EL AGUA, CUANDO UNA SERPIENTE SE DESLIZÓ DESDE UNA ROCA.

MMMM... ¿QUÉ HAY DENTRO DE LA CUEVA?

LA JOVEN OBSERVÓ QUE ESTABA DETRÁS DE LAS CATARATAS, JUNTO A UNA CUEVA. TENÍA MIEDO, PERO TAMBIÉN SENTÍA CURIOSIDAD POR LA CUEVA. SE PREGUNTABA SI LA BRUMA QUE LA HABÍA SALVADO LA HABÍA DEJADO EN LA CUEVA POR ALGUNA RAZÓN.

¿QUIÉN ERES?

SOY EL ESPÍRITU DEL TRUENO.

LA JOVEN SE ASOMBRÓ CUANDO SE DIO CUENTA DE QUE LA BRUMA LA HABÍA LLEVADO A UNA CUEVA ESPECIAL. ERA LA CUEVA DEL ESPÍRITU DEL TRUENO. EL ESPÍRITU DEL TRUENO ERA EL ESPÍRITU QUE CONTROLABA LAS CATARATAS, ENVIABA LA BRUMA HACIA ARRIBA PARA FORMAR LAS NUBES Y PONÍA LOS TRUENOS EN EL CIELO.

EL ESPÍRITU DEL TRUENO PODÍA VER QUE LA JOVEN ESTABA PREOCUPADA POR SU PUEBLO. EL ESPÍRITU DEL TRUENO LE CONTÓ POR QUÉ SUFRÍAN.

¿POR QUÉ SUFRE MI PUEBLO?

SÉ QUE ESTÁS PREOCUPADA POR TU PUEBLO... ¡Y DEBES ESTARLO! SUS CULTIVOS MUEREN Y TUS AMIGOS Y FAMILIA ESTÁN ENFERMOS. AHORA TE DIRÉ: TODO ES CULPA DEL ESPÍRITU DE LA HAMBRUNA.

EL ESPÍRITU DEL TRUENO LE EXPLICÓ QUE LA HAMBRUNA ES UNA ÉPOCA EN LA QUE HAY MUY POCOS ALIMENTOS. LE CONTÓ QUE EL ESPÍRITU DE LA HAMBRUNA ES UN ESPÍRITU CON FORMA DE SERPIENTE QUE DESTRUYE LOS CULTIVOS Y HACE QUE LA GENTE ESTÉ HAMBRIENTA. EL ESPÍRITU DE LA HAMBRUNA SE HABÍA ESTADO BAÑANDO EN EL LAGO CERCA DE LA ALDEA DE LA JOVEN Y ENVENENABA EL AGUA QUE LOS ALDEANOS USABAN EN SUS CULTIVOS.

EL ESPÍRITU DEL TRUENO LE PIDIÓ A LA JOVEN QUE REGRESARA A SU ALDEA. LE INDICÓ QUE LE DIJERA A SU PUEBLO QUE EL AGUA ESTABA ENVENENADA Y QUE DEBÍAN MUDARSE RÍO ARRIBA PARA ESCAPAR DEL ESPÍRITU DE LA HAMBRUNA.

DEBEMOS MUDARNOS RÍO ARRIBA Y CONSTRUIR UNA NUEVA ALDEA.

CON LAS PALABRAS DEL ESPÍRITU DEL TRUENO TODAVÍA SONANDO EN SUS OÍDOS, LA JOVEN SE APRESURÓ EN LLEGAR A SU ALDEA. LE DIJO A SU PUEBLO QUE DEBÍAN IRSE. LOS HOMBRES REUNIERON SUS ARCOS Y FLECHAS Y SUS CANOAS. LAS MUJERES AYUDARON A SUS HIJOS A EMPACAR SUS PERTENENCIAS. LAS MADRES LLEVARON A SUS BEBÉS EN CUNAS SOBRE SU ESPALDA.

LOS ALDEANOS VIAJARON RÍO ARRIBA EN SUS CANOAS, BUSCANDO TIERRAS PARA SU NUEVA ALDEA, PERO EL ESPÍRITU DE LA HAMBRUNA LOS VIO IRSE Y LOS SIGUIÓ EN SILENCIO ENTRE LOS ÁRBOLES JUNTO AL RÍO.

ESTAREMOS A SALVO AQUÍ Y NUESTROS CULTIVOS CRECERÁN BIEN.

DESPUÉS DE MUCHAS HORAS DE REMAR, EL CACIQUE SENECA ELIGIÓ UN LUGAR PARA UNA NUEVA ALDEA.

ESPÍRITU DEL TRUENO, ¿POR QUÉ ESTÁS AQUÍ?

MIENTRAS LA GENTE ESTABLECÍA SU NUEVA ALDEA, LA JOVEN FUE A BUSCAR LEÑA. REUNÍA RAMITAS Y PALITOS CUANDO EL ESPÍRITU DEL TRUENO SE LE APARECIÓ.

PROTEGERÉ A TU PUEBLO DEL ESPÍRITU DE LA HAMBRUNA.

EL ESPÍRITU DEL TRUENO LE EXPLICÓ QUE EL ESPÍRITU DE LA HAMBRUNA HABÍA SEGUIDO AL PUEBLO DE LA JOVEN HASTA ESE LUGAR. LE HARÍA DAÑO A LA NUEVA ALDEA Y ARRUINARÍA LOS CULTIVOS SI ALGUIEN NO LO DETENÍA.

NUESTROS NUEVOS CULTIVOS ESTÁN SEMBRADOS, Y AHORA TODO MARCHARÁ BIEN.

AL PUEBLO SENECA LE GUSTABA SU NUEVA ALDEA. A LA JOVEN LE PREOCUPABA QUE EL ESPÍRITU DE LA HAMBRUNA ESTUVIERA CERCA, PERO SE GUARDABA SUS MIEDOS.

CUANDO AMANECIÓ, LA LUCHA HABÍA TERMINADO. EL ESPÍRITU DE LA HAMBRUNA ESTABA MUERTO Y EL ESPÍRITU DEL TRUENO HABÍA REGRESADO A SU CUEVA, PERO TODOS PODÍAN VER DONDE SE HABÍA LLEVADO A CABO LA BATALLA. LOS DOS ESPÍRITUS QUE LUCHARON HABÍAN TRANSFORMADO LA TIERRA Y LAS CATARATAS.

EL BORDE DE LAS CATARATAS, QUE HABÍA SIDO RECTO, TENÍA AHORA LA FORMA DE UNA HERRADURA.

LOS ALDEANOS ESTABAN JUNTO A LA CATARATA. VIERON CÓMO SU BORDE AHORA ERA CURVO. CELEBRARON PORQUE ESTABAN SEGUROS DE QUE EL ESPÍRITU DE LA HAMBRUNA NO REGRESARÍA.

¡LOS ANCIANOS DE MI ALDEA DICEN QUE SERÉ RECORDADA POR SIEMPRE!

¡GRACIAS, ESPÍRITU DEL TRUENO, POR PROTEGERNOS!

EL ESPÍRITU DE LA HAMBRUNA SE HABÍA IDO. LOS SENECA PODÍAN PLANTAR CULTIVOS PRÓSPEROS UNA VEZ MÁS. LA ALDEA Y SU PUEBLO SE HICIERON FUERTES. ¿Y QUÉ LE SUCEDIÓ A LA JOVEN? SU PUEBLO ESTABA TAN AGRADECIDO, QUE LA HONRARON CON UN NOMBRE ESPECIAL: DAMA DE LA BRUMA.

Compruébalo ¿Cómo explica esta leyenda la forma actual de las cataratas?

Lee para descubrir cómo algunas personas osadas han desafiado a las cataratas del Niágara.

¡SOBRE LAS CATARATAS!

por David Holford

Durante más de 150 años, las personas se han animado a intentar hazañas arriesgadas en las cataratas del Niágara. Algunos han caído por las cataratas, intentando superar el poderoso remolino y los rápidos que hay abajo. Otros han cruzado el río caminado sobre cuerdas flojas. Son **personas osadas**, que arriesgan su vida en busca de aventuras. Algunas personas osadas de las cataratas del Niágara han sobrevivido. Tristemente, otros no. Estos son algunos relatos sobre los que han sobrevivido para contar sus hazañas alocadas y temerarias.

ANNIE EDSON TAYLOR
HEROINE OF NIAGARA FALLS
F.M RUSSELL M'g'r
OCT 24 1901

La primera persona que pasó sobre las cataratas del Niágara fue la maestra Annie Taylor, de 63 años. Lo hizo en un barril de madera en el año 1901. Esperaba que la proeza la hiciera rica y famosa. Durante unos cuantos años, ganó dinero posando en fotografías con turistas. No fue exactamente la ganancia que había esperado, pero sin dudas, perdurará en la historia.

Un pequeño bote llevó a Taylor y su barril hasta la mitad del río. Unos ayudantes pusieron el barril en el agua cerca de las cataratas Horseshoe. Habría sido una caída más corta en la Catarata Estadounidense, pero habría sido un paseo más accidentado. Hay pocas probabilidades de que alguien sobreviva un aterrizaje en las rocas puntiagudas de la base de la Catarata Estadounidense.

Un arnés especial sostenía a Taylor dentro del barril, que estaba relleno de almohadas como protección. Incluso con las almohadas, los rápidos la azotaron. Caer por las cataratas la dejaron golpeada y maltrecha.

Después de rebotar en los rápidos bajo las cataratas, el barril de Taylor fue arrastrado hasta la costa. Taylor estaba mareada cuando la ayudaron a salir del barril. Advirtió: "nadie debe hacer eso otra vez". A pesar de su advertencia, su éxito hizo que otras personas osadas quisieran intentarlo.

DAR EL SALTO

Pronto los imitadores siguieron a Taylor sobre las cataratas. Hicieron la caída en un número de diferentes dispositivos, incluida una gran pelota de hule y un barril envuelto con tuberías internas. Los avances tecnológicos permitieron a otras personas enfrentarse a las cataratas en barriles más resistentes y seguros, pero lanzarse sobre las cataratas del Niágara seguía siendo arriesgado y caro. Es ilegal intentar lanzarse por las cataratas. En la actualidad, la multa por quebrantar esa ley es de $10,000 dólares.

En el año 1911, Bobby Leach se lanzó por las cataratas en este barril de acero. Sobrevivió pero pasó semanas en el hospital con lesiones graves. Todavía usaba un bastón cuando se tomó esta foto.

William Hill no se lanzó por las cataratas en este barril. En cambio, lo usó para recorrer los rápidos peligrosos bajo las cataratas. En este primer intento en la década de 1930, quedó atrapado en las aguas serpenteantes durante horas antes de que lo rescataran. En este segundo intento, al barril se le hizo una gotera. Su valiente hijo nadó suficientemente cerca de los rápidos para lanzarle una cuerda y salvarle la vida.

En el año 1984, Karel Soucek se convirtió en la octava persona que sobrevivió a las cataratas cuando pasó sobre ellas en su barril de metal liviano y plástico. Evitó lesiones importantes, pero no pudo evitar a la ley. ¡Las autoridades incautaron su barril y lo multaron con $500 dólares!

En el año 1995, Steve Trotter y Lori Martin se lanzaron por las cataratas juntos. Usaron este barril de metal cubierto con un material resistente pero liviano. Como resultado de su proeza, Trotter y Martin pasaron varios días en prisión. Trotter luego se disculpó con los rescatistas que arriesgaron su vida para sacar a Martin y a él de los rápidos.

En el año 1989, Peter DeBernardi y Jeffrey Petkovich fueron los primeros que se lanzaron por las cataratas juntos. Usaron este barril amarillo brillante de acero para su caída.

EL GRAN BLONDIN:
Caminante de cuerda floja

En el año 1859, un artista circense conocido como "El Gran Blondin" fue la primera persona que cruzó la garganta profunda del río sobre una cuerda floja. Durante su caminata, Blondin se sentó sobre la cuerda. Luego, hizo descender una botella vacía con una cuerda hasta la garganta, la llenó de agua, la subió y bebió el agua. Más tarde, hizo un salto mortal hacia atrás sobre la cuerda.

Blondin dio varios espectáculos más, que atrajeron hasta 25,000 personas. Su acto incluía montar en bicicleta sobre la cuerda sobre la garganta y caminar por la cuerda con los ojos vendados. Una vez, incluso cruzó con un hombre sobre su espalda.

En el año 1896, varias personas osadas más cruzaron la garganta sobre cuerdas flojas. Después de eso, las caminatas sobre cuerda floja se prohibieron, hasta una hazaña asombrosa 116 años después.

El Gran Blondin hizo muchos actos sobre este cable. Una vez, empujó una carretilla por la cuerda.